CB026173

O QUE QUE WANDINHA FARIA?

ACEITE SEU LADO SINISTRO

O QUE WANDINHA FARIA?

SARAH THOMPSON

TRADUÇÃO: LAURA FOLGUEIRA

principium

Sumário

A SABEDORIA

DE WANDINHA

Você já sentiu que vive colocando os outros em primeiro lugar? Você se vê deixando suas próprias necessidades de lado só para deixar todo mundo feliz? Ou talvez você tenha medo de se defender, ou simplesmente de dizer não, porque tem medo de ser o vilão da história?

Se alguma dessas coisas parece familiar, provavelmente você vai se beneficiar da sabedoria de Wandinha. Caso você não a conheça, Wandinha Addams é um ícone feminista destemido que sabe do que gosta e nunca compromete sua autenticidade por ninguém. Uma rebelde original que sempre vai lutar pelo que acredita. A abordagem única de Wandinha em relação à vida pode ensinar bastante a todos sobre se manter no controle e ser você mesmo sem pedir desculpas — ainda que isso signifique às vezes deixar os outros desconfortáveis.

Esse ícone sábio e espirituoso, com as tranças e a camisa com colarinho grande que são sua marca registrada, tem uma família superdoida e uns hobbies e interesses meio incomuns. Mas Wandinha nunca tem vergonha de ser quem é nem do lugar de onde vem. Em vez de se diminuir para se encaixar nas ideias alheias de o quê e quem ela deveria ser, ela mostra sua individualidade com orgulho. E, se as pessoas não gostarem dela por isso, ela nem se preocupa em tentar agradá-las. Wandinha sabe que o que os outros acham não é da conta dela e, se isso significa ser a vilã nas narrativas alheias, que seja.

Mas Wandinha não é cruel com ninguém. Sim, ela às vezes é bem direta, e com certeza tem um jeito interessante de lidar com quem a irrita... Tem gente que pode achar isso difícil, especialmente se não estiver acostumada a encontrar uma jovem com uma autoconfiança tão inabalável.

Por outro lado, Wandinha é uma amiga leal e fiel às pessoas de quem gosta, um ser humano autêntico e interessante com uma personalidade cheia de camadas ricas e um montão de habilidades úteis. Quem não ia querer ser amigo de alguém assim? E se não quiser? Bom, você sabe o que Wandinha diria disso.

Este livro é dividido em oito capítulos, cada um sobre um grande tema da vida, pensados para ajudar você a assumir seu poder à la Wandinha. Você pode ler tudo de uma vez ou fazer como ela e consultá-lo quando precisar de um tempo em silêncio, longe do barulho e do caos da vida cotidiana. Fazer mudanças positivas e abrir mão de relacionamentos prejudiciais às vezes podem ser tarefas assustadoras, mas fique tranquilo que você vai achar nestas páginas todo o conforto, bem como a injeção de confiança de que precisa para continuar.

No capítulo *Família*, você verá conselhos para lidar com seus parentes, aprender como sua ancestralidade pode inspirar você a explorar sua própria identidade e que não existe uma solução única para todo mundo no que diz respeito ao núcleo familiar. Em *Amigos*, inspire-se com o estilo ferozmente leal de amizade de Wandinha e aprenda a colocar limites com uma abordagem de tolerância zero com pessoas que não têm a mesma energia. *Casa* mostra a importância de criar seu próprio espaço e como destacar sua personalidade, mesmo nos menores locais. Em *Estilo*, aprenda a se expressar por meio do que veste e entenda como achar seu look próprio e sua paleta pode libertar você da preocupação com a aparência. O capítulo *Trabalho* fala sobre se manter no poder num cenário profissional, acreditar em si e encontrar seu foco para realizar grandes ideias. Em *Música* e *Criatividade*, veremos como é importante ter uma prática criativa e por que você deve arrumar tempo também para as coisas que ama, não importa o quanto sejam esquisitas. E, em *Amor*, aprenda como Wandinha coloca limites saudáveis nos relacionamentos e por que estabelecer sua linguagem do amor é o primeiro passo para uma relação igualitária e empoderadora.

Então, pegue um café coado (ou um expresso quádruplo), encontre um lugar tranquilo onde ninguém possa perturbá-lo e mergulhe no mundo estranho e maravilhoso de Wandinha Addams. Ver a vida pelas lentes dela vai ajudar você a se sentir mais forte, mais capaz e mais autêntico do que nunca.

Sete regras essenciais para a vida

Neste livro, você vai encontrar tudo de que precisa para abraçar seu lado obscuro e ter sucesso. Mas, se estiver atrás de um guia rápido para começar, é só observar estas sete regras de ouro para a vida. Teste uma a cada dia da semana e, quando chegar a próxima quarta-feira, você vai estar vivendo a vida só para si.

1. Defina seus limites. Mantenha-se firme.

2. Afaste-se de quem não está torcendo por você — e cerque-se de quem está.

3. Entregue-se às suas paixões e sinta zero vergonha disso.

4. Vá em frente e faça aquilo que você quer fazer.

5. Convide sua verdadeira personalidade a sair das sombras.

6. Sinta medo e faça o que quiser mesmo assim.

7. Aceite que não dá para agradar todo mundo o tempo todo. Dê as boas-vindas à sua vilania.

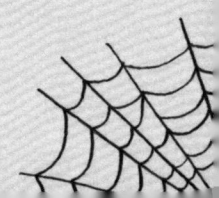

FAMÍLIA

Como muita gente, Wandinha às vezes acha a família insuportável. E, sejamos sinceros, os pais dela são bem doidinhos. Embora não sejam nada convencionais (são poucos os pais que deixariam a filha passear num cemitério, construir uma cadeira elétrica ou encorajariam um interesse por taxidermia), Mortícia e Gomez incentivam a criatividade de Wandinha e apoiam intensamente os dois filhos. Nunca foram amarrados pelas expectativas da sociedade "educada". Jogam golfe nos telhados, cortam as cabeças das rosas e criam um lar impressionante, apesar de meio assustador, no qual a família pode crescer e experimentar sem perseguição.

Para começar, os pais de Wandinha ainda são loucamente apaixonados e melhores amigos, mesmo depois de anos de casamento. Eles têm uma parceria fervorosa e são muito carinhosos.

E, apesar de demonstrações públicas de afeto não serem muito a cara de Wandinha, até ela sabe que a gente tem que admirar esse tipo de longevidade feliz num relacionamento.

As crianças da família Addams têm bem mais liberdade do que seus colegas, além de muito espaço para explorar todas as suas paixões e seus hobbies, algo que ajuda a desenvolver resiliência e confiança em suas próprias habilidades desde cedo.

Os outros parentes e amigos, como Primo Itt, Tropeço e tio Chico, são todos bem diferentões também. Mas todo mundo da família Addams os aceita e os ama por aquilo que os faz únicos. Então, apesar de eles estarem longe de serem perfeitos, existe muito amor na família Addams, e Wandinha cresceu bem no meio disso.

A relação de Wandinha com a mãe, Mortícia, é às vezes complicada. Mas, apesar dos conflitos emocionais, o laço entre elas é forte e, seja música, leitura ou plantas carnívoras, elas sempre acham coisas em comum. Também é assim com o irmão mais novo dela, Feioso. Como cresceram brincando juntos, compartilham muitas paixões e, embora às vezes o ache irritante, Wandinha não deixa ninguém fazer mal para ele.

Ser a filha mais velha muitas vezes vem com uma carga de responsabilidade, por mais estranha que seja a definição de responsabilidade na família. Ser essa filha numa família tão incomum nem sempre é fácil para Wandinha. Mesmo assim, o fato é que todos esses sentimentos e frustrações são bem normais para todo mundo e fazem parte do processo de crescer e se encontrar. Apesar de todos os defeitos e diferenças, no fundo, no fundo, o amor de Wandinha pela família não tem limites. Eles a ensinaram a ser ela mesma e encontrar força em ser diferente da multidão. Deram um montão de habilidades para a vida que a maioria das pessoas nunca adquire. Sempre torcem por ela, e ai de quem tente machucá-los. Eles podem até ser mons-

tros, mas são os monstros dela. Podemos aprender muito com os valores da família Addams.

Busque respostas em seus ancestrais

Um dos grandes ídolos de Wandinha é a tia-avó Calpurnia, que ficou conhecida por dançar nua nas ruas e enfeitiçar pastores da igreja. Ela acabou sendo queimada como bruxa. Que mulher! Então não deve ser coincidência que, quando alguém poderoso comete uma injustiça contra qualquer pessoa vulnerável ou minoritária, Wandinha sempre se sente empoderada para defender o que é certo.

Engajar-se com as experiências de seus ancestrais pode ser uma forma maravilhosa de explorar sua própria identidade e se conectar com uma parte mais profunda de si, mas também pode ser desafiador. Então, cuide de si durante esse processo. Lembre-se de que o passado nunca é um mapa do seu presente, mas pode iluminar seu caminho e ajudar você a entender as pessoas ao seu redor. Tire um tempo para conversar com gerações mais velhas ou estudar seu histórico familiar — nunca se sabe o que você pode descobrir.

Mantenha seus irmãos (ou pessoas como eles) por perto

Feioso, o irmão mais novo de Wandinha, às vezes é um menino esquisito. Seria fácil Wandinha desprezar Feioso e preferir gente mais sofisticada, mas, embora ela goste de torturá-lo de vez em quando, sabe que Feioso precisa da sua companhia e sabe que ela meio que também precisa do irmão. Ninguém mais entende de verdade como é crescer naquela família. E só Feioso tem a mesma paixão por aranhas, dinamite e bonecas decapitadas. Apesar de ele às vezes ser irritante, Wandinha vê Feioso como um verdadeiro aliado, e o laço entre os dois é algo com que ela sempre pode contar.

Você pode até não ter um saco de piranhas à disposição para defendê-los, e talvez nem sempre goste das excentricidades dos seus irmãos (cleptomania por placas de rua ou uma obsessão por explosivos podem ser coisas particularmente perigosas), mas relacionamentos intensos com eles podem ser úteis quando precisar de alguém que entenda você. Se não tiver irmãos ou se, no seu caso, as coisas não forem tão simples nesse departamento, muitas vezes dá para achar a mesma aliança em um bom amigo. Cuide dessas amizades incondicionais e mantenha-as bem pertinho.

Encontre sua família escolhida

Alguns de nós não têm um núcleo familiar próximo. E há quem precise colocar limites bem firmes em relação à família na qual nasceu. Cada um é cada um, e ter um cenário diferente não nos torna mais ou menos merecedores do amor e apoio de que precisamos.

É bom lembrar que você nem sempre precisa ser parente de alguém para sentir que a pessoa é sua família. Todos temos pessoas especiais e importantes na vida, que significam para nós tanto quanto nossa família de origem — e às vezes até mais. Procure a ajuda necessária nas outras pessoas que você tem por perto — seus professores, colegas e amigos —, especialmente quando não sentir que pode recorrer à sua família biológica. Familiares não tão imediatos, como avôs, avós, tias e tios podem ser bons apoiadores. O tio Chico prova várias vezes que é muito valioso para Wandinha, e o apêndice amado dela, o Mãozinha, também.

Essas pessoas muitas vezes têm uma perspectiva de vida diferente, e habilidades diferentes, e podem oferecer apoio e conselhos de formas novas. Procure sua família escolhida ou mais distante para garantir que se sinta apoiado e tenha conselhos amorosos em tudo o que fizer.

"Só eu posso atormentar minha família."

Sic gorgiamus allos
subjectatos nunc

**"Alegremente nos banqueteamos
daqueles que querem nos subjugar."**

(O LEMA DA FAMÍLIA)

"Todas as famílias são estranhas."

Tim Burton

AMIGOS

De fora, às vezes pode parecer que Wandinha não tem amigos ou não precisa deles. Com o olhar que não vacila, roupa agourenta e ar geral de fúria contida, seria fácil concluir que Wandinha Addams simplesmente quer ficar sozinha. Mas o que ela não tem de positividade superficial e gentilezas inúteis, ela mais do que compensa com seu senso feroz de lealdade e justiça — duas coisas que, no fim das contas, a tornam basicamente a melhor amiga que alguém poderia desejar.

Wandinha e seu irmão foram educados por Tropeço quando eram pequenos, então, foi só mais tarde que ela começou a formar laços significativos com pessoas da sua própria idade, fora da família. E, apesar de não ser lá muito animada (a não ser quando tem dança envolvida) e de sua necessidade de ficar sozinha, Wandinha surge como protetora e salvadora de seus colegas, especialmente os vulneráveis, que sofrem ou que são rejeitados pela maioria.

Wandinha às vezes é bem rígida e assertiva — ela definitivamente não está preocupada em fazer as pessoas gostarem dela —, mas sempre está aberta a aprender coisas novas com os outros e muitas vezes faz amizade com as pessoas mais inesperadas, especialmente com aquelas muito diferentes dela. Então, embora sempre esteja a fim de um pouco de dor e tortura, isso nunca inclui machucar aqueles que não podem se proteger.

Ela também não curte se enturmar com a galera "popular", não importa o quanto essa galera seja incomum. Talvez seja por ter nascido numa família tão diferente, ou pode ser por saber que a galera "popular" não tem nada de mais e, na verdade, é só um bando que vive mudando de aparência fingindo ser quem não é. De todo jeito, ela aprendeu desde cedo que consegue sobreviver e ter sucesso sem precisar da validação de ninguém nem se diminuir para atender às necessidades alheias. Num mundo em que seus colegas só querem saber de alianças com um certo grupo ou tendência, Wandinha simplesmente nunca se deu o trabalho de entrar num grupo ou de se alinhar com os valores de mais ninguém. Autenticidade como a dela em geral custa caro — ela sabe quando impor limites, e as pessoas nem sempre conseguem lidar com isso. Mas ela dorme bem à noite sabendo que o dia todo foi autêntica.

Seja verdadeiro

Wandinha nunca adapta seu eu verdadeiro em troca de popularidade. Embora seja mais difícil se enturmar no começo, em longo prazo, isso significa que ela sabe que as pessoas gostam dela de verdade e aceitam quem ela realmente é. Às vezes, é difícil ser verdadeiro consigo mesmo quando você não tem certeza de quem é. Não tem problema explorar opções diferentes e experimentar versões diversas de si. Só você pode decidir quem você é. Arranje tempo para se conhecer, saber do que precisa e como pode ser sua melhor versão. Sempre seja fiel às suas necessidades, mesmo que as pessoas nem sempre entendam.

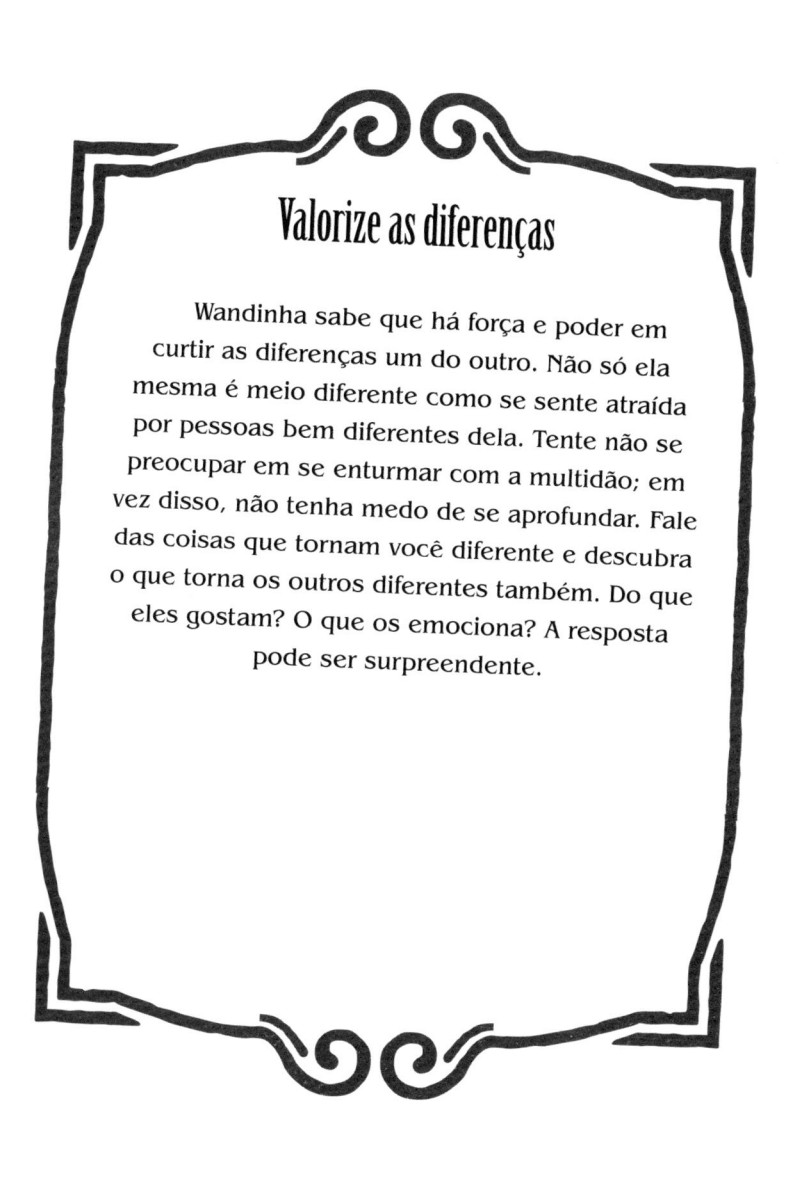

Valorize as diferenças

Wandinha sabe que há força e poder em curtir as diferenças um do outro. Não só ela mesma é meio diferente como se sente atraída por pessoas bem diferentes dela. Tente não se preocupar em se enturmar com a multidão; em vez disso, não tenha medo de se aprofundar. Fale das coisas que tornam você diferente e descubra o que torna os outros diferentes também. Do que eles gostam? O que os emociona? A resposta pode ser surpreendente.

Sozinha não é solitária

Wandinha não curte fazer parte de grandes grupos de amigos nem ter amizades superintensas. Ela sabe que manter conexões demais pode ser emocionalmente exaustivo e entende quando precisa de um tempo para si. Também não tem medo de se afastar de amizades que não lhe fazem bem. Mas, até com os amigos que realmente ama e valoriza, Wandinha frequentemente precisa de seu espaço. Se você for introvertido como ela, e mesmo se não for, é importante achar tempo para um pouco de paz e tranquilidade, só para você. Coloque limites claros com seus amigos quando precisar de uma folga e comunique suas necessidades com clareza, para eles saberem o que esperar. Curta recarregar suas baterias de uma forma que seja restauradora e saudável para você.

"Wandinha, olhe só todas essas crianças, as sardinhas no rosto, os olhinhos brilhantes, os sorrisos ansiosos e amigáveis. Ajude essas crianças."

MORTÍCIA

"Ela é a aluna perfeita — uma talentosa poliglota, violoncelista, romancista e esgrimista, mas, mesmo assim, se considera excluída."

"Os jovens de hoje merecem sua própria versão da Wandinha."

CHRISTINA RICCI

CASA

Assim como a própria família, a casa de Wandinha não é uma mansão dessas comuns. Para muita gente, deve parecer antiquada e meio assustadora. Alguns boatos dizem que era um hospício, outros, que foi condenada. Mas, vamos ser sinceros, os Addams não curtem cercas pintadas de branco e rosas decorando a porta. Se a grama do vizinho é mais verde, embaixo da deles, preferem enterrar as pessoas. E, apesar do exterior assombrado, era divertido crescer no casarão na rua do cemitério.

Todos aqueles corredores compridos e cômodos empoeirados cheios de livros e obras de arte significam que Wandinha aprendeu desde cedo a criar uma forma de se divertir, em geral torturando Feioso ou brincando com objetos pontiagudos. Seus pais viviam ocupados, então, ela aprendeu a explorar e a valorizar os livros, além de ser capaz de se aconchegar num canto tranquilo com seu livro infantil favorito, *Frankenstein*. Viver à luz de velas por tantos anos quer dizer que ela não tem medo de escuro, aliás, é assim que se sente mais segura — além do mais, é a rainha da iluminação para criar um clima. Viver numa casa grande daquelas também ajudou Wandinha a curtir seu próprio espaço e a entender que, mesmo que o resto do lugar esteja coberto de teias de aranha, não precisa de muito para personalizá-lo.

Aliás, o espaço privado é tão importante para Wandinha que, ao sair de casa, ela tira um momento para garantir que qualquer cômodo em que more tenha seu toque pessoal. Quando divide um quarto na escola, cria uma fronteira visível — não para ser hostil, mas para todo mundo saber onde fica o espaço dela — e pinta sua metade toda de preto. Por quê? Porque preto é sua cor favorita e ponto-final.

Para Wandinha, seu quarto é uma expressão de quem ela é, assim como suas roupas, e ela abraça as mesmas cores escuras e o clima vintage na decoração e no modo de vestir. Mas, apesar de gostar de móveis antigos e rejeitar todas as novidades elegantes e reluzentes da vida moderna, ela não curte muita tralha. Talvez porque a casa em que cresceu fosse tão movimentada e cheia de coisas interessantes (quem mais tinha um tapete de pele de urso que rugia para os convidados?) ou talvez por se sentir mais calma quando tudo ao seu redor é simples, Wandinha mantém a escrivaninha organizada e sempre arruma a cama. Começar o dia com essa conquista simples a ajuda a sentir que está vencendo desde o minuto em que acorda. E, claro, ela está mesmo.

Maximize sua personalidade

Wandinha ama preto e usa o calor das cores escuras para se sentir segura e aconchegante em seu próprio espaço, bem como para refletir sua personalidade. Pense nas cores que mais fazem você se sentir em casa — como pode usá-las em seu espaço? Se pintar seu quarto todo não for possível, pense em decorá-lo com almofadas e tapetes nas suas cores ou estampas favoritas. Até pintar a moldura de um quadro ou espelho pode mudar a sensação do cômodo e refletir melhor sua personalidade.

Abra espaço para você

Para Wandinha, é superimportante personalizar seu espaço. Todos precisamos de um lugar só nosso, não importa que seja pequeno. Se você não tiver um quarto próprio ou não puder mudar o que já existe nele, tente decorar um cantinho dentro de um quarto, onde você possa só passar um tempo curtindo sua autenticidade. Pode ser uma escrivaninha onde você se senta para ler, uma prateleira cheia das suas peças favoritas, até um parapeito de janela com suas plantas preferidas. Não precisa ser grande, caro ou impressionante; a ideia é só criar um espaço todo seu. Cuide do seu cantinho, mantenha-o limpo e torne-o um lugar onde você pode ir para se sentir relaxado e em harmonia.

Olhe para o passado

Você nem sempre precisa sair e comprar coisas novas para repaginar um cômodo. Um ou dois móveis ou um pôster para a parede podem transformar o lugar e dar muita personalidade a ele. Além do mais, é um jeito ótimo de reciclar e economizar dinheiro para seus outros hobbies. Se você tiver umas economias, tente vasculhar brechós ou lojas de segunda mão próximos, nunca se sabe o que vai encontrar. Se não, o que pode achar em sua própria casa e transformar para dar personalidade ao seu cômodo?

"Não há nada mais romântico que um sótão escuro e frio durante uma tempestade."

Mortícia

"Todo quarto precisa de um toque de preto, assim como de uma peça antiga."

> "Uma mulher precisa de dinheiro
> e um teto todo seu se quiser
> escrever ficção."

VIRGINIA WOOLF

ESTILO

Como qualquer ícone de estilo global, Wandinha conhece o poder de bancar seu look. Ela não liga para maluquices momentâneas da moda, a vibe de Wandinha é definida por seu comprometimento com a escuridão: preto é o novo preto, e a única cor que tem permissão de fazer uma aparição ocasional em seu guarda-roupa é o vermelho chamativo de um batom. Mas ela também tem um pé no passado, com seus vestidos evasês e tranças longas bem penteadas dando um toque vintage, porque só alguém mortalmente descolada como Wandinha sabe que ser atemporal é lindo de morrer.

Wandinha pegou muitas de suas dicas de estilo com a mãe, Mortícia. Ela não se veste exatamente do mesmo jeito — Mortícia dá aula de glamour gótico da velha guarda, usando o tempo todo o vestido pretíssimo cortado em diagonal e o cabelo superliso da cor das penas de um corvo, suas marcas registradas. Mas Wandinha descende de bruxas — a árvore genealógica de Mortícia vai até Salém — e herdou de suas ancestrais o amor por roupas escuras e marcantes. O rosa e os tons pastel fofos usados por algumas garotas para parecerem mais femininas não interessam a Wandinha. Ela nunca se conformaria à ideia de outra pessoa do que é ser menina ou menino — ou, aliás, de ser qualquer coisa que não ela mesma.

Também tem um elemento altamente prático no visual de Wandinha — cores escuras não mostram tanto a sujeira e exigem bem menos lavagem e manutenção geral do que roupas claras ou coloridas. É uma boa notícia para Wandinha, que não só compartilha o desinteresse da mãe por lavar roupa e outras formas de escravidão doméstica como tende a se sujar duelando e praticando esgrima, cavando túmulos e colocando a mão na massa em basicamente tudo o que faz. Cores escuras também são melhores para ficar sem ser notada no segundo plano e, de vez em quando, na noite — dois dos lugares onde Wandinha se sente mais confortável.

Mas ter um estilo todo próprio não quer dizer que ela seja previsível nem tediosa. Wandinha é mestre em dar novos toques divertidos em clássicos regulares de seu guarda-roupa. Dê uma olhada naquelas plataformas superpesadas e nos colarinhos grandes e poderosos, uau! E embora a maioria de seus colegas pareça preferir looks mais casuais, Wandinha em geral gosta de se arrumar. Por quê? Porque Wandinha Addams sempre leva as coisas a sério.

Cabelo é tudo

As tranças de Wandinha podem parecer fofas, mas ela não podia ser menos fofa, e tem todo um método nessas tranças aparentemente inocentes. Não só são marcantes e fáceis de fazer sozinha, mas dá para esconder todo tipo de coisa útil dentro. Tranças também tiram o cabelo da frente quando você está ocupada, seja dissecando corpos ou escrevendo seu romance. Se você não curte tranças, experimente um coque, um rabo de cavalo alto ou até um cabelo raspado. Ache o estilo marcante que represente você. E, quando quiser dar uma mudada, uma franja pesada e reta é uma afirmação e tanto, ótima para esconder suas emoções de vista.

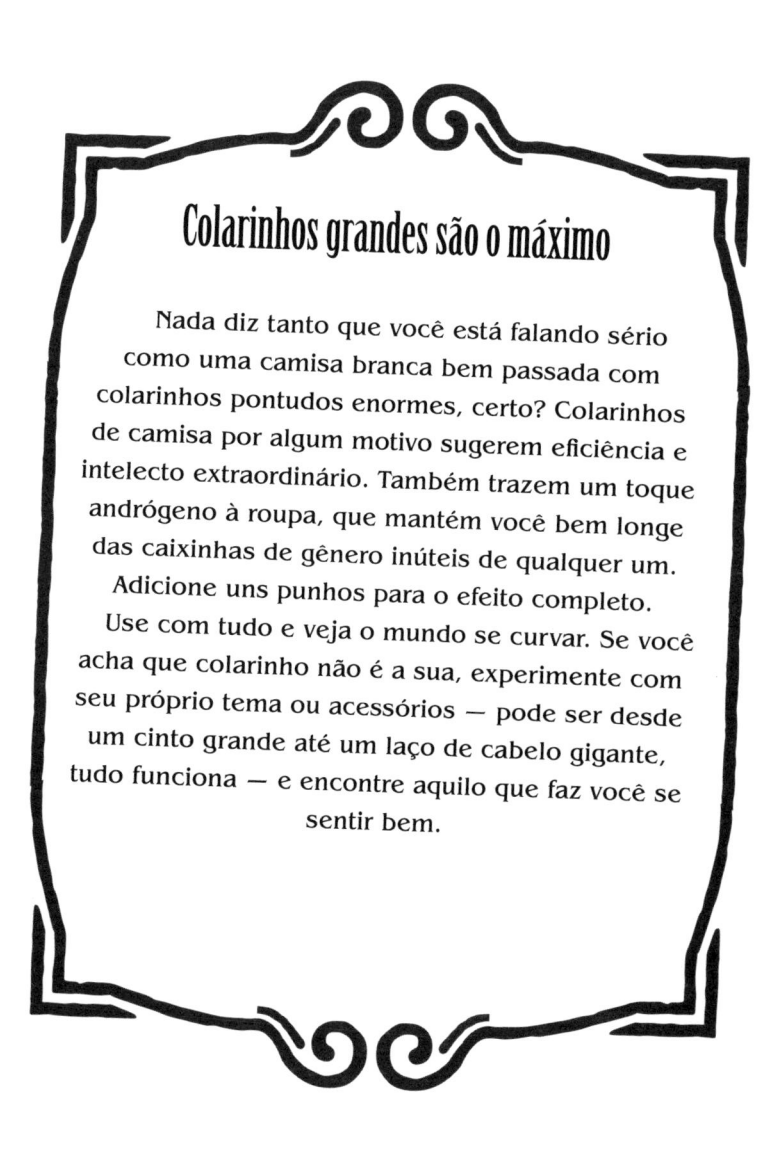

Colarinhos grandes são o máximo

Nada diz tanto que você está falando sério como uma camisa branca bem passada com colarinhos pontudos enormes, certo? Colarinhos de camisa por algum motivo sugerem eficiência e intelecto extraordinário. Também trazem um toque andrógeno à roupa, que mantém você bem longe das caixinhas de gênero inúteis de qualquer um. Adicione uns punhos para o efeito completo.

Use com tudo e veja o mundo se curvar. Se você acha que colarinho não é a sua, experimente com seu próprio tema ou acessórios — pode ser desde um cinto grande até um laço de cabelo gigante, tudo funciona — e encontre aquilo que faz você se sentir bem.

Abrace a escuridão

Num mundo cheio de cor, Wandinha sabe que o preto a faz se destacar. Não precisa ficar monocromático, pois você tem muita liberdade ao achar sua própria cor ou paleta de cores e se manter nela. As cores pelas quais você se atrai e que escolhe usar falam muito de quem você é e, se você as ama tanto quanto Wandinha ama preto, deixarão você mais confiante e feliz com seu visual. Cores diferentes também podem ter um efeito incrível na cor da sua pele e destacar aspectos e feições que você não sabia que podiam aparecer tanto! Além do mais, se manter numa paleta de cores tira muito do estresse das compras. Foque algumas peças-chave e estilos para testar cores diferentes e veja o que funciona para você.

"O vestidinho preto é um clássico, mãe."

"Recusando-se a se conformar a normas patriarcais e sociais, Wandinha é esquisita, e aí está boa parte de seu charme."

"Wandinha mudou muito meu gosto. Tenho dificuldade de tirá-la de mim, pelo menos no que diz respeito a roupas."

JENNA ORTEGA

MÚSICA

Amúsica é extremamente importante para Wandinha, e ela a usa de várias formas positivas e diferentes. Daria para dizer que ela teve uma educação musical: a mãe, Mortícia, toca violino e shamisen japonês, um instrumento que parece um banjo com um pescoço comprido e três cordas. Então, não é surpreendente que Wandinha tenha acabado escolhendo um instrumento para si. Ela é uma violoncelista brilhante e regularmente encontra tempo para tocar — não só música clássica, mas também canções modernas com um toque diferente dado pelo som atemporal de seu instrumento. Tocar um instrumento pode trazer paz quando tudo ao redor parece caótico, não só por causa da música, mas também porque é uma experiência muito física, que envolve o corpo todo e usa suas habilidades motoras — é preciso se concentrar de verdade para tocar. Mas, claro, o som profundo e lúgubre desse instrumento de cordas tem um apelo especial para Wandinha, especialmente quando ela precisa de um tempo para pensar e processar seus sentimentos longe dos outros.

Wandinha não só toca, como também gosta de ouvir música. Nunca conseguiu entender de verdade o fascínio das tecnologias modernas, então, usa um gramofone antiquado e gosta de colocar músicas folclóricas mexicanas, como as histórias de La Llorona (A Chorona), enquanto escreve, talvez porque a lembrem do pai.

E ela também sabe dançar. Quando pequena, Wandinha fazia aula de balé com collant e tutu pretos, e muitas vezes fazia apresentações para os pais corujas. Também gostava de dança contemporânea e ensinou para Tropeço todas as coreografias da moda, incluindo o Droop.[1] A dança estava na família: além da ascendência mexicana, Wandinha tem ancestrais cossacos e cresceu vendo todos os homens da família Addams dançarem a

---

[1] Referência ao episódio 29 da segunda temporada da série original de 1964, que muitos consideram a "dança original" da Wandinha. É possível vê-la em: youtube.com/watch?v=Jq_etwhv6vw. (N. T.)

mamushka — uma dança do amor fraternal que eles fazem durante comemorações. Toda essa experiência deu a Wandinha a confiança de fazer movimentos bem incomuns mesmo. O estilo dela de dançar como se ninguém estivesse olhando é bem único, mas também tão contagiante que faz todo mundo ir para a pista.

Saia da sua zona de conforto

Wandinha não gosta só de música clássica. Das sequências de notas desse estilo ao rock and roll do The Cramps, ela não tem medo de mesclar os gêneros e experimentar com as músicas atuais. Tem muita música no mundo, ninguém precisa ouvir só um som ou gênero. Tire um tempo para ouvir músicas que talvez você não escolheria normalmente e veja o que acha — pode ser o começo de uma nova obsessão.

Olhe para seu passado

É fácil desprezar as músicas antigas que seus pais escutam como fora de moda ou achar que elas não têm nada a acrescentar. E é verdade, novos sons podem ser muito empolgantes e modernos. Mas dedique um tempo para ler sobre movimentos musicais do passado e escute algumas das músicas que você acha velhas demais para seu gosto. Existem histórias épicas e personalidades lendárias por trás das músicas do passado, sejam as brigas do rock and roll ou as lutas por trás de algumas das grandes canções de protesto. Veja o que consegue descobrir só ouvindo música; isso vai expandir seu conhecimento e seus horizontes de um jeito incomensurável.

Compartilhe a música com os outros

Wandinha pode pegar o violoncelo quando precisa de um tempo para si, mas crescer com todas aquelas danças e comemorações da família Addams significa que ela também conhece o valor de compartilhar a música com os amigos e a família. Com as playlists personalizadas e fones de ouvido de hoje em dia, é fácil demais achar que escutar música é uma fuga e algo a se fazer sozinho. Mas não se esqueça de dividir a alegria — torne o ato de ouvir música algo que você faz com amigos e familiares para se divertir.

"Minha playlist de férias se chama Os Melhores Gritos de Feioso."

"Ah, doce música!"

"Arrasa, Wandinha! Você é bem-vinda na Haus of Gaga quando quiser. E traz o Mãozinha também."

LADY GAGA

TRABALHO

Wandinha tecnicamente ainda não tem um emprego, mas isso não a impede de usar suas várias habilidades em alguns projetos bem importantes. Aliás, ela muitas vezes é quem mostra aos outros como fazer seu trabalho. Tem confiança além da idade e mostra um comprometimento incomum com cada projeto em que se envolve.

Mas, apesar de ser muito esforçada, vamos ser sinceros, Wandinha nunca vai trabalhar como funcionária de alguém. Quando vê uma oportunidade de fazer alguma coisa, ela se joga, seja contra as leis e regras ou não. Isso às vezes pode causar problemas a ela. Mas quer saber? Ela pode nem sempre andar na linha, mas toda essa insolência é uma ótima qualidade para se ter por perto, e o entusiasmo dela por seu último experimento ou investigação sempre contagia quem está ao redor.

Como nem sempre teve muitos amigos, Wandinha aprendeu cedo a arte de se ocupar e maximizar seus recursos. Então, não tem medo de ficar sozinha; isso lhe dá espaço para pensar, o que quer dizer que em geral ela prefere trabalhar assim. Também quer dizer que ela desenvolveu muita autodisciplina e nunca precisa de uma desculpa para sair de fininho de uma festa para estudar ou investigar o último mistério.

Às vezes, essas qualidades podem se voltar contra ela; Wandinha tem dificuldade de trabalhar em equipe e de compartilhar seus pensamentos e sentimentos com colegas e pares. Mas o lado bom é que ela nunca perde tempo com atividades inúteis — especialmente redes sociais ou distrações do mundo on-line. Em vez disso, Wandinha se joga por inteiro em tudo o que faz com uma abordagem singular e o tipo de foco que a maioria de nós só sonha em ter. O resultado? Essa garota consegue as coisas.

Tenha iniciativa

Você já teve uma ótima ideia, mas não fez nada para colocar em prática porque achou que não devia ou não podia? Com Wandinha não tem essa. Ela não fica sentada esperando as pessoas falarem o que ela pode fazer, e você também não deveria ficar. Se tiver uma ótima ideia ou vir uma oportunidade de fazer algo legal, agarre com tudo!

Exercite seu foco

Wandinha sempre leva as coisas até o fim, mesmo que isso às vezes a coloque em encrencas. Sua capacidade de concentração e sua perseverança são infinitas. Se você tem dificuldade de se concentrar nas coisas do trabalho, não pode só achar que tem uma capacidade de atenção curta e saltitar alegre para a próxima tarefa. Continue firme! Tente treinar o músculo do foco. O celular pode ser especialmente distrativo e fazer você pular de imagem em imagem como o Mãozinha em cima do carvão quente. Dê a si mesmo bastante tempo longe do aparelho (especialmente na hora de dormir) e tente nutrir a mente com coisas que exigem sua concentração, de uma forma que você curta. Estamos falando de ouvir música, fazer artes manuais como costurar e pintar, ou quem sabe aprender um idioma ou um instrumento.

Tenha um plano

Wandinha tem uma visão clara de quem quer ser e onde quer estar — ou não quer. Se algo não se encaixa no plano, ela nem se envolve. Você não precisa se apegar de forma tão rígida a seu próprio plano, mas ter uma visão de onde está indo na vida e o que quer conquistar é uma ótima forma de guiar sua carreira. Não precisa ser nada sofisticado, você pode só escrever ou, se for uma pessoa visual, tente criar um quadro de visualização. Recorte fotos de pessoas e lugares que o inspiram e use como ajuda para se manter no caminho.

"Faça algo interessante com seu tempo e não se preocupe com o que as pessoas acham de você, pois o normal não existe."

"Eu sei que sou teimosa, obstinada e obsessiva. Mas tudo isso são qualidades de excelentes escritores... e serial killers."

> "Ah, agora entendi. Isto é uma prisão infantil."

CRIATIVIDADE

Para Wandinha, criatividade é vida. Seja escrevendo seu romance ou recriando cenas e lutas de espada dramáticas, ela fica mais feliz do que nunca quando está imersa em seu processo criativo.

Isso não é nenhuma surpresa, já que ela foi criada numa família em que a criatividade não era só estimulada, mas uma parte necessária da vida familiar. Além de tocar o shamisen apaixonadamente, Mortícia é uma cozinheira inovadora que sempre impressiona a família com suas criações novas e incomuns — olho de salamandra, estão servidos? Ela também é uma pintora original e uma jardineira dedicada, e os filhos sabiam desde pequenos que não deviam incomodar a mãe quando ela estivesse envolvida com suas paixões — algo que incutiu na jovem Wandinha um respeito pelo processo criativo. Sem as distrações da tecnologia moderna e com poucos amigos com quem brincar além de Feioso, Wandinha foi incentivada a inventar suas próprias brincadeiras e atividades. E, quando não estava criando coisas para si, era inspirada pelos livros, obras de arte e músicas que a rodeavam no lar.

Ser naturalmente inclinada à introversão dá a Wandinha muito tempo para pensar, refletir e ter ideias. Também significa que ela frequentemente fica mais feliz expressando seus sentimentos de outros jeitos que não falando em voz alta — talvez seja por isso que ela ama escrever e tocar. Mas ser criativa não tem a ver só com se expressar. O tempo que ela passa imersa em sua zona de criatividade é como se estivesse em um lugar seguro onde dá para combinar atividades físicas e mentais e entrar num estado de fluxo verdadeiro. Às vezes, isso pode fazê-la parecer um pouco isolada de todo mundo, mas quem a conhece sabe que ela está absorvendo tudo e entendendo o mundo por meio de suas criações.

Priorize a prática

Wandinha aprendeu com a mãe que ter tempo para a criatividade não é um luxo, mas uma necessidade para seu próprio bem-estar e paz de espírito. Sempre reserve um tempo na agenda para sua prática criativa e nunca peça nem invente desculpas por isso! Melhorar em qualquer coisa exige prática, e criatividade não é exceção, então, acredite em você mesmo, encontre tempo para suas inovações e curta a sensação de crescimento e conquista enquanto progride em sua jornada criativa.

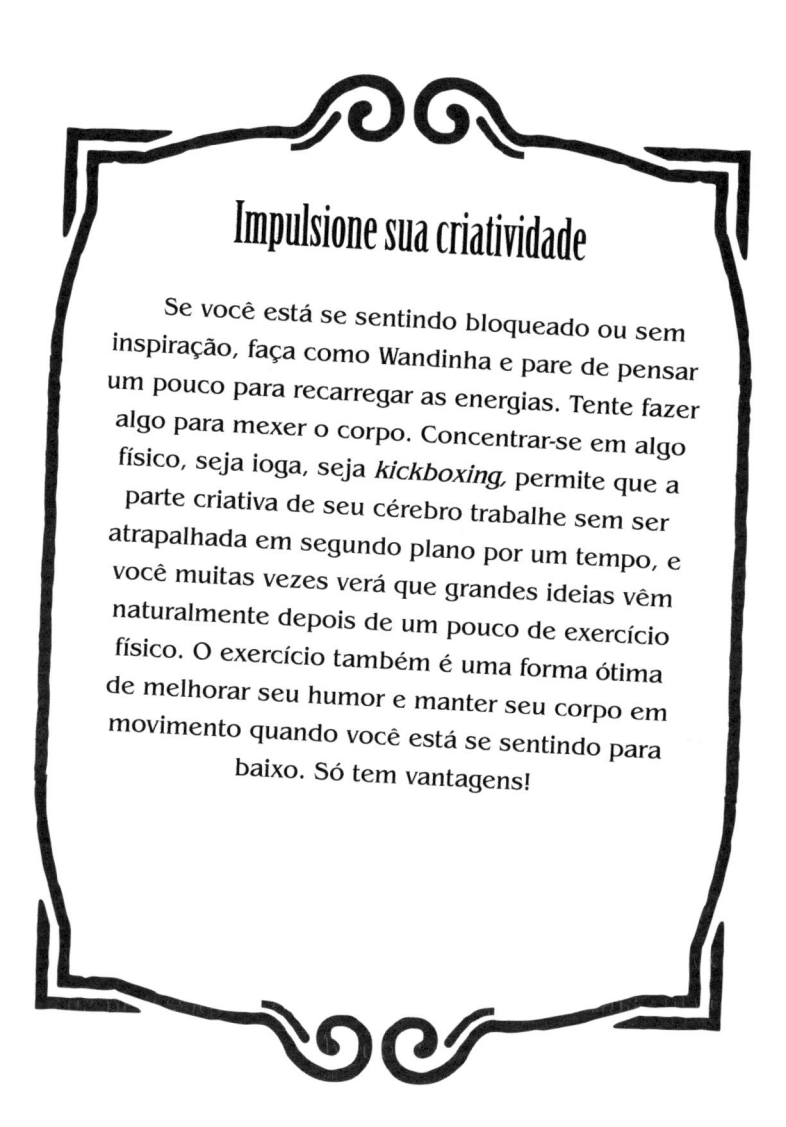

Impulsione sua criatividade

Se você está se sentindo bloqueado ou sem inspiração, faça como Wandinha e pare de pensar um pouco para recarregar as energias. Tente fazer algo para mexer o corpo. Concentrar-se em algo físico, seja ioga, seja *kickboxing,* permite que a parte criativa de seu cérebro trabalhe sem ser atrapalhada em segundo plano por um tempo, e você muitas vezes verá que grandes ideias vêm naturalmente depois de um pouco de exercício físico. O exercício também é uma forma ótima de melhorar seu humor e manter seu corpo em movimento quando você está se sentindo para baixo. Só tem vantagens!

Aproveite seu entorno

Você já sentiu que queria muito escrever algo, mas não sabia sobre o que falar? Você gosta de cerâmica, mas não quer fazer mais um vaso chato? Aproveitar seu entorno significa tirar inspiração de pessoas, lugares e coisas ao seu redor, tudo que é unicamente seu. É fácil imaginar que os outros não vão se interessar por seus assuntos e suas histórias, mas é justamente isso que o torna especial e interessante. Frequentemente, também são coisas com que as pessoas se identificam. Ao compartilhar suas experiências pessoais e o que você vê e escuta ao seu redor, é possível contestar ideias preconcebidas ou se conectar com pessoas que podem estar sentindo o mesmo que você. Da próxima vez que estiver meio paralisado, olhe o que está à sua frente ou se pergunte como você está se sentindo e comece por aí. Nunca se sabe aonde isso vai levar.

"Wandinha, brinque com a comida."

MORTÍCIA

"Grandes mentes precisam de obstáculos para funcionar."

"Wandinha é uma personagem que permanece relevante porque não tem medo de ser ousada."

AMOR

Os pais de Wandinha, Gomez e Mortícia, são apaixonados um pelo outro e gostam de dar demonstrações bem públicas de afeto — algo que a filha acha difícil de aguentar às vezes. Ninguém quer ver os pais agarrados o tempo todo num abraço apertado.

Apesar disso, dá para imaginar que crescer perto de toda essa admiração mútua deve ter contagiado Wandinha, mesmo que só um pouquinho. Mas não. Wandinha raramente mostra sinais de desejar esse tipo de afeto abertamente físico ou até de precisar de alguém.

Mas isso não quer dizer que ela não esteja interessada em se conectar com os outros. A maioria dos seres humanos quer conexão e companhia, e Wandinha não é exceção. É que ela dá e recebe amor de formas diferentes.

Em vez de grandes gestos, presentes e expressões emotivas, Wandinha demonstra seu amor — a quem quer que seja — com atos em vez de palavras, e simplesmente passando tempo com a pessoa. Talvez isso aconteça por ela ter crescido sem um smartphone, talvez seja uma reação ao comportamento dos pais, ou pode ser apenas o jeitinho dela. Qualquer que seja a razão, o mais importante para Wandinha é mostrar o quanto gosta de alguém de uma forma que seja confortável e verdadeira para ela.

Papéis de gênero ou quaisquer outros construtos heteronormativos não têm importância para Wandinha. Claro, ela já cometeu alguns erros no jogo do amor, mas quem nunca? Wandinha sabe que o amor — seja romântico ou platônico — é uma jornada e que às vezes não tem problema tropeçar, pegar o caminho errado e dar meia-volta se precisar.

Apesar de ela achar o apreço mútuo dos pais meio excessivo às vezes, o que aprendeu com o exemplo deles é o direito de não se sentir culpada por querer companhia e buscar seu prazer como jovem mulher num mundo às vezes ainda surpreendentemente puritano.

E, o mais importante, Wandinha não se diminui para conseguir ou para manter um relacionamento — por que alguém fingiria ser o que não é só para ter uma relação? Para Wandinha, o relacionamento mais importante é consigo mesma, e ela sabe que, desde que isso esteja indo bem, todo o resto também irá.

Ame-se

Wandinha prioriza seu autocuidado, valoriza o que a torna única e nunca se diminui para se encaixar na ideia de outra pessoa sobre como ela deveria ser. Isso não quer dizer que ela seja egoísta, mas que reconhece a importância da autopreservação e vive a vida sob suas próprias regras. Pense em como você trata quem ama e pergunte-se se trata a si mesmo da mesma forma. Você se trata bem e com gentileza? O jeito como nos tratamos muitas vezes se torna o que toleramos dos outros, então, precisamos garantir que esse padrão seja bem alto. Todos merecemos amor e respeito, e isso começa de dentro.

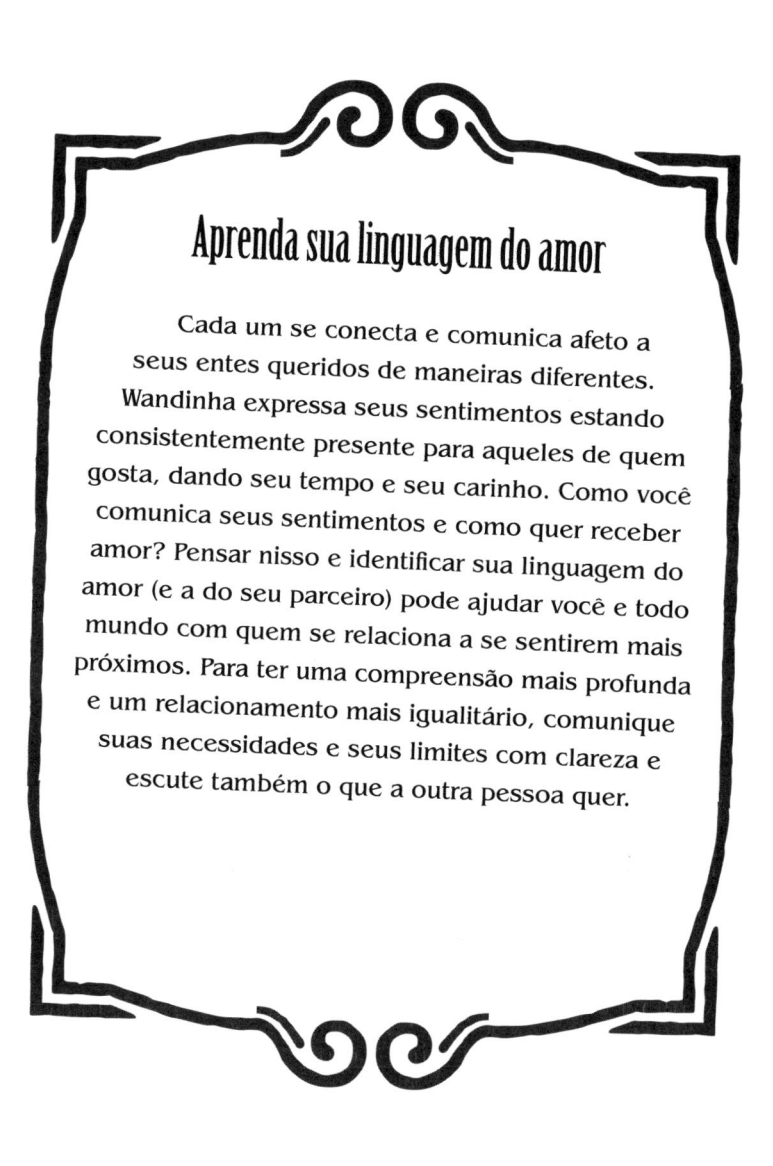

Aprenda sua linguagem do amor

Cada um se conecta e comunica afeto a seus entes queridos de maneiras diferentes. Wandinha expressa seus sentimentos estando consistentemente presente para aqueles de quem gosta, dando seu tempo e seu carinho. Como você comunica seus sentimentos e como quer receber amor? Pensar nisso e identificar sua linguagem do amor (e a do seu parceiro) pode ajudar você e todo mundo com quem se relaciona a se sentirem mais próximos. Para ter uma compreensão mais profunda e um relacionamento mais igualitário, comunique suas necessidades e seus limites com clareza e escute também o que a outra pessoa quer.

Coloque limites

Colocar limites em relação a como você quer ser amado e cuidado não é levantar muros para isolar os outros, é convidar as pessoas certas a entrar, e esses limites são de mão dupla. Wandinha é especialista em se manter fiel a si mesma e em não permitir que ninguém a prejudique em troca de companhia ou afeto. Tem alguém na sua vida que você sente que toma mais do que dá? Ou alguém que parece sugar sua energia? Pode ser hora de educadamente colocar alguns limites e direcionar sua atenção às pessoas e relações que são melhores para você — mesmo que isso signifique deixar os outros desconfortáveis ou fazer o papel de vilão na história de alguém. Qualquer parceiro ou parceira deve enriquecer sua vida assim como você enriquece a deles, e não virar um peso. Se você sempre percebe que seus limites não estão sendo respeitados e não consegue encontrar um meio-termo, talvez seja hora de se afastar.

Joel: "Mas e se você encontrasse o homem perfeito, que a idolatrasse e a adorasse, que fizesse tudo o que você mandasse, que aceitasse ser seu escravo devoto? O que você faria?".

Wandinha: "Eu teria pena dele".

Tropeço: "Eu gosto de ser infeliz".

Wandinha: "Você pode encontrar uma garota bacana para vocês serem infelizes juntos".

"Ela não pede desculpas por ser quem é, é destemida, inteligente, estranha — é muito raro ver uma personagem feminina adolescente tão segura de si."

JENNA ORTEGA

Faça uma lista com sete coisas que lhe dão alegria:

1.

2.

3.

4.

5.

6.

7.

Faça uma lista com sete coisas que você quer aprender:

1.

2.

3.

4.

5.

6.

7.

Faça uma lista com sete coisas que você valoriza em um relacionamento:

1.

2.

3.

4.

5.

6.

7.

Faça uma lista com sete maneiras de demonstrar amor:

1.

2.

3.

4.

5.

6.

7.

Texto fixado conforme as regras do Novo Acordo Ortográfico da Língua Portuguesa
(Decreto Legislativo nº 54, de 1995).

Editora responsável: Amanda Orlando
Assistente editorial: Isis Batista
Preparação: Mariana Donner
Revisão: Bianca Marimba
Diagramação: João Motta Jr.
Ilustrações e design: Ollie Mann
Capa: Carolinne Oliveira

CIP-BRASIL. CATALOGAÇÃO NA PUBLICAÇÃO
SINDICATO NACIONAL DOS EDITORES DE LIVROS, RJ

T392q

Thompson, Sarah
    O que Wandinha faria? : aceite seu lado sinistro / Sarah Thompson;
tradução Laura Folgueira. - 1. ed. - Rio de Janeiro : Principium, 2023.
    128 p. ; 12x18 cm.
    Tradução de: What would Wednesday do? : embrace your villain era
    ISBN 978-65-88132-41-8

    1. Addams, Wandinha. 2. Personagens cinematográficos - Psicologia.
3. Relações humanas. 4. Autoconfiança. 5. Técnicas de autoajuda. I. Folgueira,
Laura. II. Título.

23-87177
            CDD-158.1
            CDU-159.923.2

Meri Gleice Rodrigues de Souza - Bibliotecária - CRB-7/6439

1ª edição, 2023

Editora Globo S.A.
Rua Marquês de Pombal, 25
Rio de Janeiro, RJ — 20230-240
www.globolivros.com.br

Este livro, composto na fonte P22 1722 Pro,
foi impresso em papel offset 90g/m² na COAN.
Tubarão, novembro de 2023.